Mi Mamá es Increíble
My Mom is Awesome

Shelley Admont

Ilustrado por Amy Foster

www.kidkiddos.com
Copyright©2014 by S. A. Publishing ©2017 by KidKiddos Books Ltd.
support@kidkiddos.com
All rights reserved. No part of this book may be reproduced in any form or by any electronic or mechanical means, including information storage and retrieval systems, without written permission from the publisher or author, except in the case of a reviewer, who may quote brief passages embodied in critical articles or in a review.

Todos los derechos reservados. Ninguna parte de este libro se puede utilizar o reproducir de cualquier forma sin el permiso escrito y firmado de la autora, excepto en el caso de citas breves incluidas en reseñas o artículos críticos.

Second edition, 2018

Translated from English by Irene Abian
Traducción del inglés de Irene Abian

Library and Archives Canada Cataloguing in Publication
My mom is awesome (Spanish English Bilingual Edition)/ Shelley Admont
ISBN: 978-1-5259-1155-2 paperback
ISBN: 978-1-5259-0851-4 hardcover
ISBN: 978-1-77268-676-0 eBook

Please note that the Spanish and English versions of the story have been written to be as close as possible. However, in some cases they differ in order to accommodate nuances and fluidity of each language.

Although the author and the publisher have made every effort to ensure the accuracy and completeness of information contained in this book, we assume no responsibility for errors, inaccuracies, omission, inconsistency, or consequences from such information.

Para mis increíbles hijos -S.A.

To my awesome kids-S.A.

Hola, soy yo, Liz.

Hi, it's me, Liz.

¿Sabías que mi mamá es increíble?

Did you know my Mom is awesome?

¡Bueno, pues lo es! Es inteligente y divertida, fuerte y paciente, amable y bella —es impresionante.

Well, she is! She is smart and funny, strong and patient, kind and beautiful — she's amazing!

—¡Buenos días, sol! ¡Llegó la hora de salir!—escucho un susurro suave en mi oído.

"Good morning, sunshine! It's time to rise!" I hear a soft whisper in my ear.

Esta es mi madre, despertándome.

That's my mom, waking me up.

Me da un millón de dulces besos y me abraza fuerte, pero aún así no puedo abrir mis adormilados ojos.

She gives me a million gentle kisses and hugs me tight, but I still cannot open my sleepy eyes.

—Mamá, quiero dormir—balbuceo bajito—. Solo un minuto más, por favor.

"Mommy, I want to sleep," I mutter quietly. "Just for one more minute, please."

Ella me besa más y más, pero eso no ayuda.

She kisses me more and more, but it doesn't help.

Así que me lleva a caballito al cuarto de baño. Es muy fuerte, mi mamá.

So she gives me a piggyback ride to the bathroom. She is so strong, my mom.

Sigue besándome y haciéndome cosquillas hasta que empiezo a reírme sin parar.

She keeps kissing and tickling me until I start laughing hard.

Mamá sonríe. Es muy guapa de verdad. Me gustan sus vestidos, sus zapatos y como se peina el cabello.
Mom smiles. She is really beautiful. I like her dresses, her shoes, and how she does her hair.

—¿Puedes hacerme algo especial hoy?—pregunto, con un rayo de esperanza en mis ojos—. La trenza que vimos ayer en la serie de televisión, ¿puedes hacerme algo así?

"Can you make me something fancy today?" I ask, a glimmer of hope in my eyes. "The braid we saw yesterday on the TV show, can you do something like that?"

Sé que ella puede hacer cualquier cosa. Mi mamá es increíble.
I know that she can do anything. My mom is awesome.

Incluso si no sabe cómo hacer algo al principio, sigue intentándolo hasta que lo consigue. Ella nunca se rinde.
Even if she doesn't know how to do something at first, she continues to try until she succeeds. She never gives up.

Mi madre gira y entreteje mi cabello hasta que es una preciosa trenza por detrás de mi cabeza.

My Mom twirls and weaves my hair until it's a beautiful braid running behind my head.

Estoy muy emocionada por ir a clase con mi peinado nuevo. Ya me puedo imaginar las reacciones de mis amigos. Seguro que a Amanda le encantará.

I'm so thrilled to go to class with my new hair. I can already imagine my friends' reactions. I'm sure Amanda will love it.

—¡Tu peinado es genial! ¡Vi el mismo ayer en la televisión!—Amanda salta de la emoción—. ¿Quién te lo ha hecho?

"Your hairstyle is so cool! I saw the same one on TV yesterday!" Amanda jumps with excitement. "Who made it?"

—¡Mi mamá!—digo con orgullo.

"My mom!" I say proudly.

Mientras Amanda empieza a explorar mi peinado de cerca, más y más chicas se unen a ella.

As Amanda starts exploring my hairstyle closely, more and more girls join her.

—¡Es una trenza al revés!—Amanda anuncia, después de un par de minutos—. ¡Con una vuelta!

"It's a reversed braid!" Amy announces, after a couple of minutes. "With a twist!"

Escucho otras voces.
—¡Es genial!
—¡Parece complicada!
—¡Seguro que ha costado mucho tiempo hacerla!

I hear other voices. "It's so cool!" "It looks complicated!" "It probably took a lot of time!"

Al final Amanda pregunta. —¿Puedes pedirle a tu mamá que enseñe a mi mamá a hacer esta trenza?

Finally Amy asks, "Can you ask your mom to teach my mom to make this braid?"

—¡Claro! Ella...—comienzo a decir, pero la campana me interrumpe y el Sr. Z entra a clase.

"Sure! She..." I start to say, but the bell interrupts me and Mr. Z enters the class.

Normalmente me gustan las matemáticas, pero hoy es horrible.

Usually I love math, but today it's just terrible.

—Vamos a aprender las fracciones—dice el Sr. Z, mientras llena la pizarra con dibujos extraños.

"We are going to learn about fractions," says Mr. Z, while filling the board with strange drawings.

¿Por qué es tan complicado? Mitades, tercios, cuartos... mi cabeza va a explotar.

Why is it so complicated? Halves, thirds and fourths ... my head is going to explode.

Aún así no me rindo; hago preguntas, exactamente como mi mamá lo haría.

I don't give up though; I ask questions, exactly like my mom would do.

El Sr. Z lo explica una vez más, y después nos enseña un video divertido sobre fracciones.

Mr. Z explains one more time and after, he shows us a fun video about fractions.

Pero mi parte favorita de esta clase es cuando el Sr. Z nos da pequeñas y coloridas gominolas y las dividimos por colores.

But my favorite part of this class is when Mr. Z gives us small colorful jellybeans and we divide them by color.

Creo que ahora entiendo las fracciones mucho mejor, pero sigo sin sentirme cómoda con todos esos números extraños.
I think I understand fractions much better now, but I still don't feel comfortable with all these strange numbers.

En el recreo Amanda y yo corremos a nuestro lugar favorito de juego—las barras trepadoras. Me encanta escalar y colgarme boca abajo.
At recess Amy and I run to our favorite place to play. The monkey bars! I love to climb up and hang upside-down.

Pero hoy de camino a las barras trepadoras, de alguna forma mis vaqueros se quedaron atrapados con un seto y se rompieron por la rodilla.
But today on my way to the monkey bars, somehow my jeans get caught in a bush and tear right on my knee.

Casi rompo a llorar.
—Este es mi par favorito de vaqueros. Mira, la rasgadura es enorme.
I almost burst into tears. "These are my favorite pair of jeans. Look, the tear is huge."

Por fin estoy en casa y mamá ha vuelto del trabajo. Ella siempre entiende lo que yo siento.

Finally I'm home and Mom's back from work. She always understands what I feel.

—¿Qué tal tu día, cariño?—me dice, con su voz llena de preocupación. Me rodea con sus brazos y sigue haciéndome preguntas hasta que comparto todo con ella.

"How was your day, sweetie?" her voice full of care. She wraps me in her arms and continues asking questions until I share everything with her.

Le cuento todo sobre las fracciones, la rasgadura en mis pantalones y lo frustrada que me siento.

I spill to her all about fractions, the tear in my jeans and how frustrated I feel.

Mamá siempre encuentra una solución a cualquier problema.

Mom always finds a solution to any problem.

—¿Con qué forma quieres que cubra la rasgadura? ¿Corazón o estrella?—Por supuesto elijo un corazón grande y rosa.

"What shape do you want to cover your tear? Heart or star?" Of course I choose a large pink heart.

Ella cose un parche con forma de corazón sobre el agujero de mis pantalones rasgados, para que nadie se dé cuenta del agujero que hay debajo.

She sews a heart-shaped patch over the hole on my torn jeans, so no one will notice the hole underneath. How cool is that?

—¡Oh, gracias Mamá!—exclamo felizmente—. Estos vaqueros son fantásticos ahora. ¡Pongamos otro parche aquí!

"Oh, thank you, Mommy," I exclaim happily. "These jeans look so fancy now. Let's put another patch here!"

Trabajamos juntas y diseñamos mi nueva y fantástica ropa.
We work together and design my new cool outfit.

Cosemos dos parches pequeños de corazón en mis vaqueros y un corazón más grande en mi camiseta.
We sew two smaller heart patches on my jeans and one larger heart on my T-shirt.

—Mira, ahora tienes unos vaqueros nuevos y una camiseta hacen juego—dice ella.
"Look, now you have new jeans and a matching T-shirt," she says.

—¡Mamá, eres mi heroína!—anuncio, abrazándola fuerte. Las dos empezamos a reírnos con fuerza.
"Mom, you're my hero!" I announce, hugging her tight. We both start laughing loudly.

Luego me lleva a la cocina.
—Es hora de algo dulce. Hagamos magdalenas. Pero necesitamos usar fracciones para que esto funcione.
Then she pulls me into the kitchen. "It's a time for something sweet. Let's make cupcakes. But we need to use fractions in order for this to work."

—No tengas miedo—dice Mamá suavemente—. Lo haremos juntas.

"Don't be afraid," Mom says softly. "We'll make it together."

Respiro profundamente y abro el gran libro de recetas de Mamá.

I take a deep breath and open Mom's big cooking book.

—Para cinco magdalenas necesitas un cuarto de vaso de harina—leo.

"For five cupcakes you'll need a quarter cup of flour," I read.

—Haremos quince magdalenas, para papá también—dice mamá—, así que necesitamos...

"We'll make fifteen cupcakes, for Daddy also," Mom says, "so we need..."

—¡Tres cuartos de vaso de harina!—exclamo felizmente—. Es fácil.

"Three quarter cups of flour!" I exclaim happily. "It's easy!"

Cuando llega la noche, mamá me arropa en la cama, me tapa con mi manta de mariposas y dice:
—Te quiero, calabaza.

When the evening comes, Mom tucks me in my bed, covers me with my butterfly blanket and says, "I love you, pumpkin."

—Te quiero, mami—susurro con un gran bostezo que hace que se me cierren los ojos. Mientras pienso en el día tan maravilloso que hemos tenido me duermo profundamente.

"I love you, Mommy," I whisper with a big yawn fluttering my eyes shut. As I think about the wonderful day we had, I fall asleep.

Me despierto por la mañana, porque siento besos cálidos en la cara y escucho una voz dulce:
—Buenos días, cariño. Es hora de levantarse y brillar.

I wake up in the morning, because I feel warm kisses on my face and hear a gentle voice: "Good morning, sweetie. It's time to rise and shine."

Mis ojos siguen cerrados pero la siento cerca de mí. Me acaricia el cabello y me siento genial.

My eyes are still closed but I feel her near me. She strokes my hair and it feels wonderful.

Amo a mi mamá. Es increíble. ¡Cuando crezca, quiero ser exactamente como ella!

I love my mom. She's awesome. When I grow up, I want to be exactly like her!

¿Y sabes qué? Tu mamá también es increíble. ¡Asegúrate de darle un abrazo para hacerle saber lo impresionante que es!

And guess what? Your mom is awesome too. Make sure to give her a hug to let her know how amazing she is!

www.ingramcontent.com/pod-product-compliance
Lightning Source LLC
Chambersburg PA
CBHW040045100526
44584CB00033BA/4370